José Alejandro Peña

Blasfemias de la flauta

Cuarta edición corregida y aumentada

EDICIONES EL SALVAJE REFINADO
elsalvajerefinado.com

ISBN 978-1945846236

Ediciones El Salvaje Refinado
Charleston, West Virginia,
Estados Unidos de América
Teléfono: +1 347 853 4093

Irapuato, Guanajuato, México
www.elsalvajerefinado.com

Teléfono: +52 473 118 6226

E-mail:
libros@elsalvajerefinado.com

Lo que viene al mundo
para no trastornar nada, no merece
ni consideración ni paciencia.
René Char

Paranoias y retratos

Paranoia de los peluqueros

Se sientan a deshoras en sillones
de plumas verdinegras
beben del mismo vaso un whisky aguado
colocando sobre sus pantuflas
lánguidas secuencias de plumas nacaradas
entre un ojo y otro dejan escapar
un lento humo de cigarrillo
prensando con los dientes la madera
ven en el espejo un rostro acicalado
todos tienen novias postizas
con ojos de cascote y alcanfor
viven a la diestra del padre
como los jueces miopes
en un día plúmbico a la orilla del mundo
regalan cornetines de arcoíris
a los que pasan acariciando las verjas oxidadas
con dedos transparentes como plumas.

Paranoia en el noveno piso

Se dice sí fervientemente ojo y ojo
por el mar del piso de más abajo
se funde con la baba el mosquitero
lo demás está perdido y es atroz
perdido entre la tinta y la navaja
que se vincula con la madre
o el padre de aquel hombre
que fuma en el balcón
suicida desde antes de nacer
con media máscara
internamente solitaria
se la ve escapar
por el ojo nómada brilloso del poeta
el hombre en el balcón fuma
su hambre millonaria
su naciente deseo
de mudarse de mundo
la poesía es contraste y desengaño
un cruce de caminos donde solamente
hay brisa y polvo
y uno que otro frenesí baldío
salvaje desventaja
de todos contra uno
a toda hora
el balneario cae en cuenta ya muy tarde
de lo leve y pesado que es tener
una camisa rota

el cuello sin lavar
o los zapatos enlodados
la poesía nos enseña a dudar
moviendo la cabeza hacia la izquierda
mientras el poeta o la mujer quitándose
o poniéndose la ropa
blinda el ojo de la cerradura
en otro cuarto atroz del piso nueve

Paranoia de los buscadores de oro

Son aciagos los trozos de metal
los telegramas olvidados
los residuos de periódicos
la piedra que roza la ventana
en un vahído por asirse al pedregoso yo
se les puede reconocer en la penumbra
ávidos certeros inmediatos
con los dedos enfermos
y la lengua magullada
o comida por el flujo viscoso de la baba
una baba ambarina casi verde
tan espesa o marrón
como el color ácido del vientre de un ratón
son como el ojo del caballo que retiene
una tinta muy dulce allá en el fondo
donde se dice que está el alma
puesta a prueba por los discos
de luz de la agonía
los buscadores de oro son
muy listos casi fenoménicos
cuadrados y pacientes
no toleran la luz de los faroles
por eso en las tinieblas
se les siente respirar
forzosamente
pero son como las madres de los niños con hipo
se sueldan unos a otros

cabeza con cabeza
hasta quedar hechos una mole oscurísima
que intentará luego desmembrarse
para poder acumular
un huevo de serpiente todo en oro
gigantesco como mil ciudades
con diecinueve monos mentalistas
encerrados en un cerco de metal
con una cicatriz de lluvia y aire
aire marcado por aire
la piedra en su interior está llena de aire
y se desliza por la yema del ojo
como azúcar mezclada con veneno
son tan descocados en sus modos
y manías que se doran sus pulseras de carey
entre la voz que quiere salir
y la angustia que causa la alegría
de un vientre de ratón
nadando bocarriba
corriente abajo
sin parar.

Paranoia de los licenciados en letras

Tienen manchada
de granizo la camisa
les ha nacido un escorpión morado
en el ombligo
cuelgan de los parabrisas
como lengua pintada de blanco
huelen a periódico mojado
escurriendo tinta paranoica por los poros
suben a las altas rocas para mirar el sitio
donde será enterrado
el silenciado
el aplazado
aquel a quien envidian
a quien temen
y son espeluznantes sus pupilas
llenas de zumbidos y rasguños
sienten que se les pudre el alma
en lo que quieren decir
cuando se callan
y entonces escriben poemas
hablando de "sosiego"
"soledad" y "taquicardia"
sosteniendo una jarra de aluminio
desfondada
como símbolo de aquello inmaculado
que pregonan los psiquiatras y los locos.

Paranoia de un taquígrafo erudito

Suele ir de negro a los mercados
a comprar para su novia desquiciada
discos de John Lennon y verduras
mareadas por el sol.

Se le ha dormido un brazo
al policía que dormita sin camisa
en una banca cerca de la estación
del metro
entre gente que escupe en los andamios
y monaguillos con cuello de aspirina.

La novia del taquígrafo erudito
se ha sentado a esperar los cigarrillos
ya fumados para olerlos
mientras él despierta al policía con
una vocecita de pájaro carpintero
ensayada los domingos por la tarde
en una callecita angosta de ladrillo
su meadero.

Paranoia de los ignorantes

Coinciden auténticos paraguas
en abrir cada cinco minutos
está vuelto a coser el pulmón
de la momia a su vendaje
está su piel igualmente cosida
con una brasa cíclica de cedro
una gomilla de caracol tatuado al tuétano
contribuye a confundir el mensaje
con el cedro el sándalo y la risa agorera
de los mensajeros.

El cedro da calor a los forzudos ignorantes
que llenan la ciudad de suciedad y vanagloria
de embrujados espermatozoides
que se quedan colgando de las puertas
infundiendo paranoia a los enclenques
inquilinos
que se aburren escuchando a Paganini.

Escuchar a Paganini es mal presagio
muchas veces se corre el riesgo de
caer en tentación de abrir
el pecho del cadáver con la uña
y preguntar no sin cinismo si
dormitan las cigarras o si solamente
sus cenizas son de oro.

Arde lo absurdo. Y mi cabeza
también arde
girando sobre mi dedo.

Paranoia con estorninos

Hay en las palabras
peluquines zodiacales
en los cuales ponen huevos
los que venden los que compran
alucinaciones reforzadas
con hilos de neón
bolas de billar usadas
y sombreros de alguacil a medianoche.

En los bazares contingentes
rebasando los suburbios ostentosos
en este solitario continente
muero con la muerte de mi prójimo.

Muero de ansiedad
entre magnolias despintadas
y estorninos paranoicos.

Paranoia de los impostores

Son geniales en asunto de suposición
posesos de impostura y preferentes
tiroriros de incidencia o paranoia
insistiendo en procurarse
las muletas sobrehumanas
que aceleran el contagio de
la angustia por doquier.

Imprevistos como alumbre
aglutinan nulidad y pesadilla
estrago anacoreta servidumbre
haciéndose pasar por archiduques
o por gente del montón.

Son geniales digo suponiendo
que se diera la ocasión
se encorvan como el buitre
y como el buitre despedazan
intersticios de las tripas del guijarro
que disfraza su propia
intervención y su precoz
condescendencia

motivo de vaivenes desiguales
y crudeza o arrogancia son lo mismo
para ellos la cítara y el fuego
son lo mismo.

Paranoia de los hombres felices

En una brizna de pájaro y de asombro
los hombres son felices paranoicos
entre la diurna lumbre intervenida
y la desoladora sofocación del grillo

vibran como hilo dental
en esa brizna de tragedia
suave

en la que hay árboles
sin hojas tan delgados
y tan altos

con esa propensión a
ir contracorriente
vuelven a la vida
después de muchos años

son felices los árboles
que aprenden a contar
sus lágrimas en hojas

y deshojan al lagarto
profesor de aritmética
y de espantos
que va a llevar la lluvia
a otro pantano.

Paranoia en el tren de Brooklyn

El día sofoca de tan pálido.
Sofoca de tan lúcido
el ladeado tren de Brooklyn
como perro de lata acariciado
por el óxido de una lluvia instantánea
que se obstina en pasar el cobre
de sus hilos
por el leve costado
del viajero.

La niebla alarga el brazo
desde la ventanilla
del último vagón.

Todos tan pensativos
y tan borrosamente huracanados
todos tan miserablemente conducidos
a dejar caer sus brasas sobre el hielo.

Alguien entra la mano en mi pecho
y me acaricia la pena
con sus guantes de nube.

El miedo ciega los cristales.
El tren sigue rabiando acorralado
por los ojos lluviosos del viajero.

Cada viajero tiene una fluvial
relojería desarmada en la sonrisa
y tiene atornillado al cráneo la dulzura
de quien ha sufrido la epilepsia (al menos
momentánea) de los niños neoyorquinos.

Epilepsia que consiste en lavar con aceite
la melodiosa caja dental
sin olvidar de reponer
de suplantar
el minuto presente por la hora futura.

Nos hacemos asesinar por la vasta
disminución del alambrado.

Con el rabillo del ojo aleja cada quien
los maleficios de la primera hora.

Después como olvidándose
acoda el alma para pensar
pero el alma se le ha doblado tanto
y tanto le ha dolido el semblante
a tanta curvatura elemental que ya
ni con dos naipes se puede recoger
la demolida sonrisa en los cristales.

Con el alma apretada en los bolsillos
nos vamos caminando sobre el lodo.

¿A qué hora desenterramos los pasos
del que viene detrás a lamernos la nada
que se arruga como un pañuelo roto
en la mirada?

Un cigarrillo desdibuja el rostro en el espejo.

Todo espejo encarcela
sin definir al cejijunto
que lo crea y transfigura.

Un mundo de transfiguraciones monstruosas
construido con las piezas
de un rompecabezas en desorden
helo aquí.

Como el acróbata dormido
en sus fláccidas corazonadas
que no lo dejan caer definitivamente
los trenes
sin que nadie los vea
penetran en la roca de aire
que respiramos.

El perseguido de sí mismo
me grita desde lejos:
hay dos modos
de retener y de alcanzar:
soltando y soltándose.

Paranoia en la calle Saint Nicholas

El cielo era de puro algodón negro.
Liso como el metal que busca el grito
de la vaca indefensa.
Alrededor de todo se quemaba
una pequeña oruga tendida sobre un hilo y
muchas voces sueltas se fueron agrupando en
cada rostro.
Pero el monstruo también era
Narciso —me decías en sueños—
y su voz era un trozo de camisa
ascendiendo sobre el humo tan blanco
de la seda o del agua

y todo allí esfumado y emergiendo
cobrando de lo informe una ascua
de martirio en la córnea punzada.

Y tu voz iba buscando el aire
entre los ecos del zapato con sus ruedas
torcidas o explotadas

y era todo tan amplio de pasillo en pasillo
de gasa en gasa hasta cubrir la herida
en ese ámbito sin nadie de los hospitales.

Y tu mano temblaba
como espuma o delirio

en el ámbito absurdo
de mi monstruosidad forjada
por el rayo que corta en dos al yo
bastardo de la sed y del beso.

Por el rayo que define
la cosa devastada
y la eterniza
la calle es esta duda
y este andar a tientas
trémulo murciélago
sin noche.

Paranoia alrededor del lago Michigan

Doblando con el diente
su largo brazo frío
ha concluido en bajar
una línea el lago Michigan
impaciente hilandería de conjuros.

Teje la piedra un paraíso
en la garganta.

Agrio badajo desgajado
el lago pasa su doble alfiler tibio
por el círculo ausente de los ojos.

Vemos que el círculo se cierra
se desajusta el cuello de la lámpara
y una oscuridad muy tenue
reposa en nuestro lecho.

Viene el día a soplarnos
un poco de dulzura y quietud
alrededor del lago
unos pasos avanzan.

El sol se cubre la cara
con mis manos.
La luz envuelve los reflejos
de las palpitaciones anuladas.

Se descascara el lago
en la caja de piedra
de las viejas zozobras

y mientras se disuelve entre las venas
toda la sal del día
doblando con el diente las monedas de azufre
que forman un círculo de hueso
en el subsuelo de las paranoias
acercamos con los ojos la taza de café

y bebemos las fibras del temblor
que la mano contiene largamente.

Retrato de una señorita en París

Las muy sofisticadas bailarinas
al caminar por la ciudad
miran con fijeza a los payasos
porque sienten que las piernas
se les llenan de un sudor ultravioleta.

Los payasos en cambio son de cuerda
y parpadean cuando quieren provocar
una reacción delimitada
inyectan a la voz
cierto tipo de mosca radiactiva
que impresionan a las damas encubiertas.

La ciudad va cambiando con los hombres
o los hombres van haciendo más amplio
el laberinto por donde habrán de ir
en línea recta o en zigzag
imitando a las hormigas
que sueñan con llegar
discretamente
a ningún sitio.

Todo de acuerdo a lo normal
nos va dejando dudas y morimos
por causa del valor del pensamiento

y es así que nos quedamos pensativos

o eso queremos que piensen los de atrás
colocando enormes piedras sobre el techo
para que no se vuele el zinc.

Pensamos y pensamos y pensamos
pero no por mucho tiempo
porque es irregular el almanaque
de las vidas proclives al declive.

Entonces el payaso se da vuelta
para que podamos ver los agujeros
en su frente

y el retrato de una señorita de París
fina y noble como un impedimento
o algo dulce y redondo que arrastra
la corriente.

Retrato de un novelista adolescente

A esta ciudad tan desligada de sí misma
vienen a suicidarse un novelista adolescente
y otro ya muy viejo que aconseja
enamorarse de las églogas infames
asunto de trasplante de calvicie y soledad.

Se suicidan casi a diario
un periodista y un poeta.

No se sabe si es diciembre
o si va dejando estragos el desaire
o la matriz de una princesa
no sabemos si es la pubescencia
el deterioro de las casas
o el estuche del jabón
o si son los alcotanes o la sangre
de una mosca que aplanamos
con la taza de café.

El novelista adolescente
está intranquilo
trabajando una idea hasta que
se daña el transmisor de la consola.

Nos habla de las fuerzas gangrenadas por
el sitio donde está escondido el oro
todo el oro de la vista compungido

o calcado por señales abruptas de mercurio.

Mas en vano sus palabras remolcan
el sentido de una imagen alocada
que está fija llenándose de pus
con todo y carcajada.

Retrato de una momia

Se ha quitado el vendaje
de periódico la momia
y ahora está nadando
desnuda en la piscina.

El agua le devuelve poco a poco
su forma primitiva
y sus ojos distinguen los colores perdidos.

Renovada del todo como un árbol
va cambiando de rostro
sus pupilas muy verdes
encajan perfectamente
en los resquicios de una máscara
verídica de evidente voluntad
de música o de sueño.

No podrá el agua redimirnos
a menos que nos momifiquen
en la infancia como a los cangrejos
y podamos crecer de tal manera
que los huesos permitan a la piel
expandirse como nieve o fuego.

Retrato de un vampiro

En otro tiempo me fue dado
preguntar a los vampiros por
el sol matutino que los llena
de asombro.

Uno de ellos me miró fijamente
y me dijo que un día
muy discretamente yo
seré pez o araña o lagartija
pero jamás el simple
proletario bolchevique
que ve engordar a su mujer amorfa
y a sus hijos en forma de gusanos.

Se llenan de lujuria
los ojos del vampiro

y ya en la oscuridad completa
la pared nos devuelve
las triviales palabras
que el salitre sofoca.

Retrato de una mujer casada

Su delicada presencia divide en dos
la mente de quien va con ella
a buscar un remolino
al fondo de un espejo.

Contra la ventanilla del vehículo
descansa su cabeza

trabajosamente trata de escuchar
el moldeable reflejo de un zumbido
y se pregunta qué ha venido a buscar
una abeja entre nosotros

un día como hoy de tanta lluvia
en el que todo nos parece trivial
o descompuesto.

Seguramente se ha extraviado
en otro mundo neutro pueril
o despoblado por aquiescencia
del solemne escalofrío

que deja de soslayo a las gaviotas
unidas por instinto a una deidad desenfrenada
mezcla de encantamiento y rechazo
como decimos de los perros salvajes
que unas veces se corrompen

y otras son impávidos al margen
de todo impulso agraz o dulce flema.

Su delicada presencia divide en dos
un remolino que ocurre en nuestra mente
signo de palidez y de tortura.

Retrato en sepia de un monóculo

El mundo está de cara a la pared
como yo enemistado con todos
los omóplatos plateados o perplejos
me dejo arrastrar por la sospecha
de un viejo monóculo sin vidrio de mi padre.

Mi padre ante el espejo
anudándose la voz con todo y cuello
encorbatado por el griterío
que sube del jardín a la recámara
donde una gata angora está pariendo
enloquecida por el oro y la plata
emblemas de la culpa y del olvido
está pariendo plástico
modorra o aserrín

mientras encima del tejado
los cuervos se alimentan de rastrojos
y entre las tablas fofas con polillas
se entorpecen a sí mismas las hormigas
planeando otro disgusto color sepia
mientras en las casas lejanas
alguien habla de matar o de matarse
con una cruz o un palo
porque hay menos luz en la cocina
o porque huele demasiado a trementina
o a jabón

o porque han pasado ya vicisitudes
abusos o saqueos
y la culpa es de la niña que esta sorda
sorda y enferma de la mente
como el olor a tinta en los suburbios
o los reflejos de las manos en los muros.

Reflexiona la madre todo lo que puede
pero está visto que nada puede verse
a estas horas
cuando alguien decide dejar de respirar
por un instante de tres días
porque se ha guardado muy al fondo
cierta substancia insoportable
cierto incumplimiento de medidas
o cierta médula de música nerviosa
que da miedo.

Retrato de un hombre en pijama

Cada noche al dar las nueve
salgo a fumar al balcón
desde donde puedo ver
esa parte de la ciudad
que no interesa a nadie
por triste y denostada
por lo insufriblemente
obsesa y denostada
empobrecida debido
a la blasfemia
al disimulo y a los
crímenes comunes
que desarman las encías
macilentas del caballo.

Es cierto que aparecen difuntos en pijama
y que los hombres sin memoria
maldicen estas calles desandadas.

Desde un farol distante una mujer
me mira y yo la miro sin curiosidad
como se mira a la pared sin distinguir
las machas que la cubren.

Los viejos automóviles
cruzan de uno en uno
cada cierto tiempo

haciendo que la noche
transcurra lentamente.

Puedo ver desde el balcón a cierta hora
un farol que intermitentemente
apaga y prende.

Hace calor y me duelen los ojos
los tobillos y las manos.
Un ladrillo alcanza la fatiga
de los pisos de mármol
y yo caigo.

Mi caída es lenta
por lo que no puedo abrir los ojos
y angustiosa por lo que no alcanzo
el insondable fondo.

Los comercios empiezan
a cerrar temprano
por temor a los charcos de lluvia
y al ruido de los automóviles.

En una hora o dos pasará el tren
y yo estaré dormido.

Retrato de un polichinela

Yo aposté mi casa y la perdí.
Perdí también la fe y la alegría.

Me fui lejos a vivir al bosque
allí me convertí en tirano de mí mismo.
Ahora como si no existieran
la sordidez del ojo
la lumbre la pequeña lumbre
veraniega
me invento otro cuerpo
con perfume de acacia
con bolitas de cera
y gelatina

y me invento otra alma
con la cera que sobró.

Soy como el sol
que desgasta los espejos.

Retrato de un alquimista

La voz del alquimista
se corrompe y excede
vuelve a recolectar
liviandad y constancia
hasta formar remolinos
en un centro imantado
que aúna dos silencios
enemigos

uno más transparente
que una cuerda rígida
el otro cada vez más
deleznable y cándido.

Las líneas de su rostro
se entorpecen para
destacar el relieve
sombrío y ordinario
de un hombre adusto
y antiquísimo
cuyo nivel de fuga consiste
en bosquejar contrastes
despalillar los techos
con augurios detectables
por la estrangulación
y la extenuación
que apesadumbran

las viejas avenidas.

Su mentón se ha oscurecido
tal vez por la neblina
que da matices hondos
a los cantos del gallo.

La luz del candelabro se vuelve ácida
defectuosa o tal vez caliginosa
ilícita o endeble
esplende cuanto más seduce.

Sus axilas expelen un perfume agridulce
como el encogimiento de la ropa
después de lavarse.

Retrato de un hombre perdido

Un escorpión indispensable
de abatimiento y odio
reposa desde hace tiempo
en la aplanada nariz
de un hombre ciego.

el hombre de esta fábula reposa
desde hace dos días
entre los fresnos solitarios
en el monte más estéril.

El barro induce a los hombres
de casta inferior
a revelarse contra la piedra filosa
y contra las raíces contaminadas
por las flores maltratadas
que yacen en la atmósfera
con cada vértebra traspuesta
y mucha luz arcaica fornicando.

El hombre indaga con la daga
en lo profundo de la tierra
de donde mana sangre en vez
de agua.

Bebe y no se sacia.
Busca una salida y no la encuentra.

Su corazón se angustia y retrocede.
Está perdido en su propio laberinto.

Retrato del hilo tenebroso

Junto a una verja pintada de azul
los hombres juegan a imitar los límites
externos de una piedra descomedida.

La piedra intenta remover
la herrumbre de los puentes
pero está sumida al pánico del sueño
que a su vez desprovisto de consciencia
se obsesiona en leves presunciones de alquimia
logrando adaptarse a una
coherencia inexpugnable.

Más allá de los sonidos castos
las hojas de los árboles renuevan
el trayecto de la mosca mecánica
y giran ya conmocionadas o sometidas
a un rigor plácido maduro e invariable.

La placidez otorga al juicio
otro linaje más intenso y como expuesto
a la peligrosidad de lo nuevo
donde se va a fijar al posible firmamento
nuestra débil templanza
nuestro acorde de ánimo y delirio.

Delirio que se traduce
en opacidad y hechizo

como los juegos de los amantes
que se hieren en exceso
y luego se turban y limitan
tenebrosamente
reemplazan el final con el comienzo
y el hilo se asemeja a la noche
en dominación y fortaleza
hilo quimérico irrompible o memorable
que se extiende de noche
y se encoge de día.

Retrato de un poeta enemistado con el mundo

Mezclando desmedido orgullo y vanidad
o trasponiendo vertiginosidad y afán
aceleración inalcanzable de natural
esparcimiento
que concita la entrega o el placer
la damisela se toca el sitio de la precipitación
entra la mano y saca un pájaro amarillo

el pájaro revolotea juntando de vez en cuando
sus alas para apoyarse en el pináculo
del árbol dando vueltas y vueltas
en torno a una gamuza imaginaria
misteriosa y suave como la ceniza
en un instante se desespera o se desmaya
vertiginosa como los murciélagos
palpable y densa como la limpidez
de un vidrio que al pasarle
el dedo por el centro
rechina como si fuera a romperse.

El poeta con cierta asiduidad proyecta
fatuidad y subvierte polivalencia
y desconcierto

se abraza con torpeza
al cuerpo de la niña
que ríe y se divierte
emocionada por las plumas

del pájaro y la noche.

La niña vulnerable o feliz
se entrega al juego del amor
sin distracción ni prejuicios
mientras el poeta
enemistado con el mundo
se separa un instante
para respirar el vacío.

Retrato de un espantapájaros

Se diluyen las cabezas
cortadas de raíz.

Van de un mundo maternal
a otro inalcanzable
y combinan levedad
y convulsión

mientras un sol distinto
un sol-espantapájaros
vibra en la noche
como el conejo
que va atrapar el águila.

Cerca del camino pulverulento
hay un espantapájaros pulverulento
al que vienen a posarse pulverulentos
cuervos infernales.

De aquel o de aquel otro espantapájaros
conservo iguales acertijos en forma
de guijarro:
uno situado en dos laberintos paralelos
y el otro disfrazado de hormiga.

La hormiga-espantapájaros
arde y se divide como un cajón vacío.

Retrato de un convoy de nieve

Cada vez pasa el camión
haciendo vibrar la tierra.
La tierra hace una bola de frío
y el frío a su vez una bola de tierra.

La nieve cae sobre sí misma:
es un sueño inconcluso.

El fuego tiene frenéticos
paraguas sobre el que se
posan vibrátiles caminos.

El espantapájaros
circunspecto y volátil
va plantando semillas
sobre el aire.

Blasfemias de la flauta

La flauta de hueso

La flauta vuela dentro de la piedra.
La flauta flota en el ruido de la sangre.
La flauta sueña enjaulada en sí misma
como un niño que no quiso saltar
por la ventana de nuestra vida
en un tiempo de sofocación y de extravío.

Soplo el hueso roto de los escalofríos
que bajan monocordes sus maletas
en la parada de guaguas en Mineola
en el laberinto de la hoja seca.

En la palabra "huérfano" percibo
la forma de una música inquieta
que no cabe en el aire que la abrevia.

Torbellinos anclados
en la cuenca vacía de los ojos
vidrios en la garganta
y en el alma un hueco.

La voz en los cristales
reflejo sacudido.

Mis pasos se amontonaban
desde cada lugar indiferentes
y en la cajita roja

donde guardaba siempre
un reloj de pulsera de mi padre
unas monedas con símbolos dorados
un amuleto manco de corazón muy rojo
y los élitros pardos
de la llama en el río.

Hay un túnel por el que vamos solos
encorvando los sueños hasta el suelo
hasta que ya no nos duelen.

Como un leopardo de agua que nos
quema por dentro las pupilas
el aire de la flauta
es un incendio dormido.

New York, enero de 1996

Al extremo del Hudson

Casi muriendo de lo mismo
que murieron en Harlem
los enmarañados días del otoño
encorvado hasta el suelo
con un alfiler bífido en la lengua
y la resaca del marinero ahogado
y los puñales del sueño y la agonía
y mi amiga con su cara de pez
y de tormenta
deshilando mis labios
con el vacío de los suyos
y las lámparas
pequeñas llagas vertiginosas
y mis ojos llorados contra el mármol.
Ella con mis pasos llevados
al extremo del Hudson
va juntando mis huesos en su cuerpo
como si fuesen olas
o turbios tulipanes de miseria.

Elegía por la muerte de John Lennon

Ayer y ahora no coinciden en caer
como la lluvia sobre un toldo
que puede resentirse
desde tus manos largas
insistentes.
Tus manos abrieron
en el aire un agujero
para escapar del frío
que se enrosca
a las sábanas blancas.

Una orquídea quemada
entre tus labios
el silencio.

Y tu voz
única forma de sostener
la taza de café mientras leemos.

La muerte a la verruga suma un lirio
porque no tienen una cítara de dicha
los ávidos alvéolos de la hora impar
no tienen un reloj que deshoje sus horas
entre las dos claridades
del minuto presente.

Y por eso se ensancha la niebla

en los pulmones de los cristos de yeso
y de quinina que asustan
a los niños en los parques.

El zumbido de la muerte deja
sus huevillos enterrados
bajo la hierba de los alrededores
y un ojo nos mira llegar
desde una llaga
y se oculta en el aire tu guitarra
como recién exorcizado colibrí.

Tu voz
mezclada a los metales y a la tierra
y clavada y cosida a mis latidos
deja su transparencia en mi garganta.

Nadan dos peces en la tina del baño
uno adherido a la saliva de los muertos
y el otro repartiendo neblina
a los gorriones
por los techos de cal negra.

Hay una flor exangüe
entre los dedos mórbidos
y un olor a colchones orinados
entre las cicatrices de los policías
que aprietan entre sus dientes
una vieja colilla de cigarrillo
hasta dejarla sin una sola ola
de melancolía.

Los poetas comercian con el vaivén
de sus nudos de momia
en el diafragma de las cafeterías

y de los parques cagados por bichos increados.

El presente es la rosa calcinada
el presente es la lluvia disidente
el presente es la muerte y es la vida
con sus trenes de audaz escalofrío
y sus verdes congojas estelares.

En los rincones
flores de celofán
tus calcetines
tus guantes rotos
adornando
tu camisa blanca.

Las pálidas arañas semejantes
a la bondad esquizofrénica
de las volubles cabecitas
que oscilan sobre el hombro
sin sangre de los transeúntes
ya perdieron encanto.

Ya perdieron encanto los espejos
las perchas oxidadas
los árboles talados.

La aguja del reloj
que marca el vuelo
se ha perdido
muy dentro de las venas.

¿Quién te busca la espalda agujereada
sino para llenarla de pus
de carcajadas frías
y de insectos mecánicos

y tiernos?

¿Quién ha robado al día
todas sus luces?

Ayer los niños se amontonaron
en esta calle huérfana
incolora
sin nubes
sin faroles
a mirar el mundo
por tus ojos cerrados.

New York, 7 de enero de 1996

Quedar

Sentir sed y no poder llorar
llevar la noche lejos de los otros
comer el pan que alguien olvida
quedar dormido en un tren incendiado
por la nieve.

Esfuerzo
palabra desbocada
en desbalance:
roja y blanca
gris y negro

el cuello cortado
de los astros
amuleto
de los rascacielos
que piden perdón.

Quedar porque
a quedar vinimos
de palabra en palabra
aún esté marchito el traje
y los días no lleguen
a rozar el suelo.
Quedar definitivamente
en la partida.

Quedar entre los goznes de los
huesos del viento
como una mancha de vino
en la camisa.

El ausente

Mucho me afano en ser
distinto cada día
distinto al del espejo
donde todo está ardiendo
sin poder consumirse
enorme cicatriz
que se transforma en eco
y el eco en palabra
no dicha ni escrita.
Así el revés de cada lugar
me ha llevado hasta mí
pero yo sigo ausente
entre los otros.

Pasar

Pasar la aguja ardiente
por el ojo abierto
limpiar la sucia sangre con la hoja
hacer la pausa de los gritos dibujados
hacer que nuevamente el mundo plano
de los otros
gane su lógica fluvial
casi perenne
su pedal de tres alas
para el canto desesperado
y así quitar la noche sin dejar el día
hablar de la muerte sin respirar.

Sentir la angustia de los otros
como algo demasiado sutil
(falsamente sutil como la mía)
por la persistente torcedura del cuello
y la rabia de estar solo
en este juego de verse pasar.

Pasar muy de puntillas
a través de los muros
y a través de los cuerpos
que son aire flema o lava.
El ojo es un invento
de la aguja.

Cortar el hilo de los pasos
el hilo de la voz
todos los hilos del cuerpo.

Ser una piedra y aullar.
Ser el hilo de mi propia baba
y cortarlo.
Ser un camino
y poder pasar sobre mí.

Clepsidra sobre el río

1

Va sin pasar
quien ya pasó mil años
sin voz en un espejo.
En un espejo
donde sucede nada
salvo una especie
de ruindad en el polvo
ese polvo amarillo
que penetra en los ojos
como una delgada sensación
de tormento.

2

Va pasando sus hilos espermáticos
y aceitando su agrio badajo discordante
y llenando sus sólidos vapores de un
delirio por fundar
la muerte desaliña las pupilas
y se acoda en la mesa
a pensar hondo.

3

...Y ahondando en lo pensado de este día
como si manara de la herida sólo arena

dejo la sollozante clepsidra
de unos pasos
y me arranco del pecho acalambrados
demonios telegráficos
como quien se desnuda de su desnudez
y se suicida en sueños
y no despierta (como antes) de la muerte

4

Así gana la eternidad
quien la ha perdido:
jugándose el olvido
por la nada.

Al huésped de mi destino

Una palabra en su minúsculo reflejo
para atrapar las luces que se fugan
como pequeñas tarántulas.

Los excesivos remolinos
de la lámpara en mi mano
dibujan la oscuridad
que somos.

Cerradura de espuma
el ojo mal llorado.

La belleza queda sin
porvenir en aquellos
de escasa imaginación.

Deliro junto a mí
como una estatua de vidrio
que se quiebra en el viento.

He asesinado al huésped
de mi destino
he ido solo y regresado
con una flor de polvo
en el ojal
discretamente.

La muerte

La lluvia está cansada
de peinar los muros.

Los muros se arrinconan
en los huesos
como lombrices
en el aire de los ojos.

La muerte pasa
su mano huracanada
sobre el viejo mantel
y se acoda en la mesa
a pensarme la vida.

Pienso entonces en una selva
habitada por lúgubres pupilas
masticadas.

La muerte no es un círculo
en la sangre
ni se sucede sola como un gato
es una línea gris
o una ventana.

La muerte es un lugar
en nuestra casa
que se ha quedado

entre la noche y el día
balbuciendo.

Hay una ventana oculta
en nuestra casa
con un mirlo que la sueña
y una oruga
que la inquieta.

La muerte no es un dios
ni una escalera
ceniza de los soles abiertos
soles que desencarnan
bajo la tormenta.

La muerte es una jaula
con un pájaro
la jaula ennegrecida
por mil gritos
verde y blanca
o amarilla
la muerte es esa jaula
en nuestro pecho
en la que cabe
todo el abismo.

El de mirada pálida

Hay el de ojos salidos
el de mirada pálida
el ahogado en su dictamen
el cejijunto
en todas las maniobras
del yunque
en la palabra "amigo"
que se vuelve poca.

Y hay el indeciso abochornado
el ávido destrozo
el de alma pobrísima
a remolque.

Hay después de muerto
el reclamado vivo
el optimista en su hélice quebrada
el poeta buscando
el equilibrio del poema
bajo la nada
de sus presentimientos.

Poesía

Insinuada transparencia de lo cierto
pequeña realidad fugada
lo mismo el meteoro
de la horrible paciencia
belleza sumergida
en la arenilla ardiente del olvido
aquel pozo vacío que yo era
cuando el viento era piedra
que manaba de un grito
agotamiento y esparcimiento
de las pupilas.
Era tal vez el eco de unas alas
o las cenizas del pájaro
que se enredó a mi lengua mucho tiempo
y ya no sabe cantar sino el silencio
de todas las corazonadas
el ímpetu borrado de mis manos
el árido abrigo que desnuda la tierra
finalmente.
La poesía es el hombre
ante los escombros
de su porvenir
el camino
y no los pasos
que lo alejan del mundo.

Un hombre está forzado

Un hombre está forzado
a la grave certeza de sus sueños
que contradicen el mañana
del propio hundimiento
pero la prisa que nos tortura
con horrenda lealtad
va precedida de alguna paciencia
así el equilibrista evade
las miradas
que lo harían caer.

Un hombre sólo
puede ver en la mujer
algo que arde en la oscuridad
algo que le cierra el camino
hacia sí mismo.

Jamás el sol disolverá la noche

Jamás el sol disolverá la noche
entrelazada a mis pupilas
como un ramaje maldito
la noche sin mañana floreciendo
en mis huesos
enceguecida por el pálpito ominoso
de mi cráneo.

La noche
cuyas interrogantes
se extienden y estrechan
como agua en el vaso
es absorbida
por el fósforo de lo irreal.

Acrobacia

...Y otra vez el hombre
intentará saltar sobre sí.
Se morderá los cenicientos bordes
tras los cuales reposan
unos dientecillos fofos
gastados y oscuros
y no sabrá si es día
o noche toda la existencia.
No sabrá si ha saltado
mil veces los mismos
precipicios que encadenan
sus sueños
o si sería preciso
descender más despacio
hasta su otro
acuarelado rincón
de cada objeto
que al borrarlo
borramos nuestra esencia.
No hay equilibrio posible
fuera de lo imposible.
Nunca es más firme el suelo
sino cuando no hay suelo
ni huellas que lo afirmen.

La marca

Si ardieran sofocados en vagones
de estiércol los relojes
y yo tuviera el corazón
acuchillado
por un ruido seco
y constante
y las umbrosas catedrales
de hielo y azufre
la prisa del fuego
y retornasen las luces
al nudillo de sombra de mis labios
la marca del papel
sobre mi rostro
sería dos veces
una misma oruga.

Si un árbol reinventase el deseo
de que hubiese ventanas tan altas
por las cuales saltar
seguramente ese árbol sería yo
pero yo ya no existo.

Las palomas

Las palomas entibian el cuerpo
desfigurado de la estatua
que en la infancia
era como vapor o vidrio
o como muesca
sobre el pedal del piano
piano color azufre
cuya música ocre
masticábamos
junto al portón de hierro
de los parques vacíos.
Las palomas recobran
un vuelo de papel quemado
y ya en el aire
las líneas erizadas
de la estatua
se beben nuestros ojos.
En un aullido de paloma disecada
cabe toda la infancia
la infancia como un fósforo
en la noche del árbol
con el que la muerte nos
alumbra la cara.

El destructor

Dormido junto a la ventanilla
de un antiguo tren narcótico
veía yo cómo se erizaban
mis cabellos azules
el tren
que se repite
como en un sueño
ni siquiera es real
pero sigue su marcha
día y noche como los fantasmas
de mi casa en sombras.
Destruyo el cofre
de las inconsistencias
aún sin colorear
y todas las profecías
que se acalambran en mis labios
repentino follaje de fallebas.
No es consciente el hombre
hasta decir "no":
un "sí" para mirar al lado
opuesto de la vida
un "no" para mostrar el fondo
de lo irreal.

La búsqueda

Una ventana para jamás huir
del infortunio y del miedo
una cima que nos arroje
del insomnio
un rostro que proporcione la dicha
la distancia
o el olvido de las máscaras
un manantial o una tumba
que nos obligue a soñar.
Yo busco en lo alto
de mí mismo
mi corona de vértigos.

El ajedrecista

Los ojos se agrietan
de repente
en la mañana sola:
se mastica una selva
de nervios
en la piedra.
Por los huecos insomnes
del tablero huimos.
Por el túnel de la voz
se llega a una ciudad
sin nombre.
Se arranca al hijo mudo
sus ojillos malévolos.
Jamás se abusa
del zapato extraviado.
Jamás el ademán
de un usurero
o la espantosa risa
del poeta.

La mirada

Hay ojos que no tienen palabras
ojos agotados
sin lugar en un rostro
y párpados que se agitan
al compás de una mano.
Tiene dos catedrales
en el ojo izquierdo
aquel que ha renegado
de su ojo derecho
poniendo una clepsidra
en su lugar.
Amigo
¿para qué ser montaña
del propio derrumbe?

Tergiversaciones

El hombre es la pesadilla de Dios

El hombre sólo vive
para razón y gozo
de su propio asesinato.
Atado a la fuga
de su remordimiento
aspira deshojar la noche.
Va contra sí mismo
reflejado en masa
como un buitre furioso.
El hombre es una continua caída
y un retorno a la infancia
y un asfódelo de fobias.
El hombre es la pesadilla de Dios
y viceversa.

Ser

Ser mi voz
y no poder oírme.
Ser mis pasos
y no sentir
que avanzo
cómo y hacia dónde
van mis huellas
borrándome.
Ser antes de mí
la brasa de mi
ser extinto.
Ser todo
para probar
mi inexistencia.

Autorretrato

Imaginamos un puente
y por él vamos
adonde queremos.
Pero una vez allí
en la distancia
el corazón se quiebra
como viejos tablones.
Un hombre como una
mancha leve
subterránea.
Sus miradas que nunca regresan
al enjambre podrido de las noches.
Un hombre como mil
catedrales hundidas
sin recuerdos
sin amigos
sin un día más
en el desierto de las horas.

Al borde de las palabras

A Raúl y Bethy Martínez,
amigos siempre.

Un amigo tristísimo
lejano como un sauce
ha penetrado el muro
de las horas marchitas.

Pero la vida se apoza
en la garganta de los mudos
para turbar sus sueños.

Todos quisieran retornar
a su isla de miedo
oscura
solitaria
y asirse a una cima
de vértigo
consumidos
por la incertidumbre
la sed
y la agonía
de sus pasos
acarician el silencioso
nudo de unos ojos
cuyo tormento concuerda
con un remolino
de uñas y de tumbas
en las que yace el viento.

Revés

He abierto mi corazón
con navajas de espuma
he huido de mí
por todos los caminos
he bebido en tu cuerpo
como en una piedra herida
que nos lleva hasta el fondo
de su desolación.
He tatuado una paloma
en la garganta de los
ahogados horizontes
he ajustado el alma
a las incertidumbres
del zapato
y he borrado las luces
que forjaron mi sombra.

Ídolo

Con la sed de un enfermo y la agonía
de quien busca en cada huella
una cima que lo desvele
unos ojos
que de pronto lo vacíen
encadenado a mí
como a una roca
de furia y miedo
labro mi rostro
diluido
en los espejos
y el rostro
de los otros
como máscara
que engulle
sus relieves de fiebre
y agonía.

Madeja

Este camino que se cae adrede
tiene sus nubecillas enroscadas
al latido perdido de la piedra
tiene sus árboles voraces
y sus pianos de dos cicatrices
que adormecen.
Dibujo las quebradas hélices
de un corazón no desatado de
sus túneles
y borro mis pasos
que desfiguran el camino.

Dolor

El vacío vigila
las corazonadas
del imán de
nuestros párpados.
Es un violento jardín
cada sonrisa.
En las cenizas
del árbol quedan
gotas de sangre.
El mañana de ayer
nunca vendrá.
Sólo la desesperanza
reedifica.
Sólo el dolor
libera.

Voy hacia mí

Hay un río que cruza
por mi cara
frenético
hechizado.
En sus aguas repentinas
se reflejan idénticas
maniobras de desvelo.
Huérfano de mis puentes
de duda
voy hacia mí
pero mis piernas se doblan
y el camino se hunde.
Todo es oscuridad
en el corazón
de mi prójimo.
Esto lo sé bastante:
un cristal quebrado
no es más
que la ceniza
de un río
un rostro verdadero comienza
por su máscara.

Exilio

Mi sangre se ha hecho transparente
como el día que se nos muestra pálido
por dentro
y no quiere dar un paso hacia
la ventana por temor
a que ya no haya ventana.
El viento diluye los rostros
y ensombrece las almas.
La noche está alargándose
en mis pasos.
La noche
sangre de todos mis gritos
lleva el vacío que me lleva
hacia todos
desde la piedra
enrojecida
a causa
del pájaro
en que nace.

Metamorfosis

Podría bien la nube
reflejar el camino
el yunque las pisadas
presurosas
la piedra suplantar
al viento
o suprimir al pájaro
que se roba
el abismo
de mis ojos.
Muere el ruiseñor
cantando torpe
torvo
ensimismado
y su vuelo
convierte lo efímero
en aullido.

Trazo

Dibujo una negra paloma
adherida a la nieve.
Dibujo una partícula
de miedo y de duda
ante el cuadrante
sin ventana
de una infancia
que me entró
por los ojos.
Dibujo mal mis
propios pensamientos.
Dibujo a Dios
clavado en sus puñales.
Dibujo un vacío
que no se puede llenar
sino de cosas rotas.
Dibujo una puerta
para escapar del mundo
y la mirada ronca
de mi padre
borra todo.

Serenata en la nieve

Hay enterrado en la arena
un pájaro de hielo
una estrella sin nido
que revienta las venas del mar
y la música de mis huesos destruida
por un sol que se desgrana en la noche
un sol menos salobre que mis manos.
El enguantado frío
de mi voz
te recorre y define
oh tormenta.
La luz es el cadáver
de mis pasos.
Hay una sombra
debajo de la tierra
que alumbra noche y día
las heridas.
Hay un violín de sarcasmo
indefectible
núbil rodeado de blancos lotos
que la noche deja en las gotas de nieve.
En las gotas de nieve
que la muerte hacina.

Objeto natural

He aquí al hombre cuya vida
ha marchado hacia atrás.
He aquí lo inconsistente
lo podrido de mí.
El fuego tiene las cicatrices de mi cara.

Conozco la sensación de la caída
y la certeza del suelo.
Viajo hacia dentro
y no puedo palpar
lo que está adentro
quemándome las vísceras
vaciando mi vacío
casi entero.

Tiene dos pinzas de defensa
la melancolía.

El hombre piensa en los objetos
como en un agua dolorosa
que todo lo atraviesa
y perfecciona.

Hombre
qué sabes del mañana
tú que respiras
pertinaz aire caníbal.

Mensaje secreto

He dibujado las líneas de mi mano
con navajas y gritos
en un muro de hospital.
Me he inyectado sueños
que no cabían a lo largo
de mi cuerpo fatigado.
He masticado dormido
la arena envenenada
que los otros pusieron
en mi boca
empujando la sucia
cuchara hasta el sinfín
de mi garganta.
Me he probado
todas las máscaras.
Las imantadas agujas
del silencio enterradas
en mi lengua
como espita de sal
o música deshecha,
han puesto de revés
tus calcos melancólicos.

Oh escarpado relámpago
de hueso
ha incendiado mis venas
el viento que pasó.

Tiempo de oscuridad

Mis pisadas marcan
el comienzo de la muerte.
El suelo que piso
es sangre amarillenta.
La noche
demasiado pesada
para mis llagas
de insomnio.
Las mariposas
prefieren la llama
el cofre de las pupilas
y los soles de cobre.
"Oh pesimista pesimista"
susurran en mi oído
los acalambrados tumultos
de una luz que se pudre.
Yo no me escondo de la muerte
estoy hecho de su transparencia.
No existe un único camino
para el que aúlla o nace.
Nuestras almas
son sólo pesadilla
y herrumbre.

La jaula

Para mi hija Laura

Vivimos en una jaula
de fatiga y de música
entre paredes frías
y caminos cerrados
conscientes de que
soñamos.
O vivimos como
creemos soñar
como sueña la oruga
como se extingue
al rato de soñar
su cerradura
aquella puertecita
en la pared
que imaginamos.

Delito común

Basta sentir que existimos
en un mundo que nos desprecia.
Los ojos se doblan como cartas
los trenes se hielan como el vómito
las palabras se trizan y abandonan
en el mismo silencio del que nacen.
No somos sino lo que está unido
a su esplendor
fijo en su máscara de irrealizables
conjuros
contemplado en los páramos
de la intriga o del odio
sumergido en la náusea
indirecta de un instante de fatiga
y otro de delirio
nos envuelven en su savia
la fragancia aciaga
de los pinos
y el sereno rollo que insta
a los coléricos
al sueño interminable
al asombro que obnubila
y repercute.

Acto mágico

A medida que mi rostro se desgasta
y mi sangre se espesa
y mis ennegrecidos dientes se aflojan
pienso en lo frágil de mis pensamientos.
Mi cabello se hace blanco y escaso.
No tiene mi memoria donde afincarse.
Recobra mi saliva el cobre rancio
de otra boca.
La noche pone el pie
sobre mi cara.
El mañana se hunde
con todas sus luces.
Mis palabras se hicieron promesa
de un mundo que no se cumplirá.
El camino se esfuma
a medida que avanzo.

Reliquias

Yo conservo el oleaje
de las verdes pupilas
arrancadas
y un zapato que ahoga
los pasos del viajero
y un reloj
que da frutos venenosos
y una luna de cobre
en la garganta.
Un pedazo de niebla
absorbe mi cara
y desenrolla el imantado
hilo de mi sangre
y un aire duro y seco
se acalambra
en los coloridos pulmones
de mi traje
y el mar con sus ruedas
de óxido y azufre
simulado en los labios
como un silencio
sin forma
simple y subreal
como una araña
tejida en la madera
se acuclilla
dócilmente

en un martillo
que rebota
en mi cabeza.

Pennsylvania, 1996

El místico

Para mi hijo Omar

Exterminado por la luz
el árbol
no se abruma.
Se secan las raíces
que se inflan.
Se evaporan los rostros
debajo de sus máscaras.
Los pájaros se adhieren
al viento.
El cielo está pegado al suelo
como a un eco perdido.
La niebla es toda
la cosecha del hombre.
Las estrellas no tienen luz
ni forma.
El mundo se ilumina
cuando paso.

Visión del extraviado

Estos caminos
que aúllan desolados
han llegado hasta mí
para beber mis cabellos.

¿A qué inventarle
un abismo
una música
a la quietud?

Mis sueños
son un puente
de miseria
y de asco.

¿A qué inventar
regresos
replegándonos
a la eternidad
de partir?

Doy un paso
y el puente
se esfuma.
Caigo.
Y mi caída
se hace interminable

como un ojo mirado
desde adentro
o como el río
sollozo de la piedra.

No hago más que mirar
por las hendijas
de mi propio ser
la vida
secretamente destinada
a ningún equilibrio.

El descontento

Indescifrable
como el hierro candente
de las lágrimas
el ennegrecido corazón
que lleva sus harapos de dicha
y su manto para envolver la noche.
La noche en que nos desvelamos
y abandonamos
al desánimo de los relojes
rodeados de peldaños de ilusión
y de rostros que sólo son vacío
y pesadilla
y de voces cuyo peso
nos hace descender
podridas e inciertas
como nuestras miradas
y nuestro afán de pisar con firmeza
la blanda tierra fría
que ha de cubrir
nuestros sueños.

Atlanta, 1995

Ciudad del excluido

Era la infancia con sus colores
aún sin estrenar.
Era mi corazón flotando siempre
en ese río con puertas hacia abajo
y una mano al dorso de mis ojos.

Era la prisa de deshilar los sueños
de escarbar en los pozos de la miseria
y hacer de mis cenizas una lámpara
para ahuyentar la muerte.
Era una negra coraza
adherida a mis latidos.

La ciudad crecía
como presentimiento
de su agotamiento.
Eran las luengas tiendas
atestadas de gigantescas moscas:
los comerciantes exhibían
la membrana
de sus discos rayados
echados contra un sillón
de numerosos brazos
disecados.

¿Qué se pudre
en sus miradas

primero que sus ojos?
¿Qué creen ellos poseer de todo
cuanto los posee?
Oh los recuerdos
que se tambalean...
Era la mano huérfana
doblada en la garganta
acariciando el amargo violín
de la cascada.

Era confundir la propia voz
con el silencio ajeno
como cruzar del niño al hombre
sin sentir la piedra en el zapato
succionando las clavículas
del viudo lloviznar
porque la muerte adornaba
con su sangre mi peinado
y subía por mi voz
estremecida
y bajaba por mis huesos
desvelada.

Una ciudad informe
traída por los pájaros
como un trozo de noche
una ventana a la que todos
quisieran asomarse
para ver el naufragio
de su propio mirar
mientras avanza
por debajo
otra ciudad más tenue
y horrorosa que la vida
con sus amplios

relojes infectos
con inmensas vitrinas
incrustadas al pecho
de los transeúntes.

Ciudad puesta a girar
en torno a su propia
maquinaria dormida
como si fuese
repentinamente abarcado
el mínimo salobre escalofrío
de la existencia

allí donde la noche es más exacta
que el ruido de las máquinas.

Ciudad labrada
por mis pasos
ante la posible
multitud inocente
que no ha sabido nunca
de su largo exterminio silencioso.

Ciudad puesta
en mi cara como
una mueca horrible...

¿Qué son todos los rostros
sino llagas?

¿Quién tiene mi mirada
en un espejo roto
quién la voraz
concurrencia de la ola
y la mano con que anhela acariciar

el manco Dios a sus pequeños monstruos
la mano y su quimera de tocar la nada
la mano fundida al pánico del vuelo?

¿Qué gritos me despiertan
en la noche?
¿Qué lugar del infierno
se dibuja en mi pecho?
¿Qué muros ahogan mi voz?
¿Quién presagia mis pasos
por el mundo?
¿A quién le debo todo
cuanto ignoro
todo cuanto no soy
ni espero?
¿A quién mi futura llegada
y mi partida?

New York, 10 de enero de 1996

Nota sobre el autor

José alejandro peña nació en 1964. Emigró a los estados unidos en 1995, donde funda y dirige ediciones el salvaje refinado y obsidiana press. Graduado con una licenciatura en ciencias políticas—estudios internacionales por la west virginia state University.

En 1986 obtuvo el Premio Nacional de Poesía con su libro *El soñado desquite*, publicado ese mismo año por la biblioteca nacional bajo la prestigiosa Colección Orfeo).

Libros publicados:

Iniciación final (1984), *El soñado desquite* (1986), *Pasar de sombra* (1989), *Estoy frente a ti, niña terrible* (1994), *Blasfemias de la flauta* (1999), *Mañana, el paraíso* (2001), *El fantasma de Broadway Street y otros poemas* (2002), *La vigilia de todas las islas* (2003), *Suicidio en el país de las magnolias* (2008), *Trampantojo* (2016), *El caballo de atila* (2021). *Cóctel para sonámbulos* (2021), *Dejad hablar al viento* (2021), *Esperpéntico antiarcangélico y sexualísimo* (2021), *Pavor en el país natal* (2021).

Índice

Paranoias y retratos

Blasfemias de la flauta

Tergiversaciones

Colofón

Esta cuarta edición de *Blasfemias
de la flauta*, de José Alejandro
Peña, se publicó en junio de 2023
como ebook (libro electrónico) por
EDICIONES EL SALVAJE REFINADO
Charleston, West Virginia,
Estados Unidos de América
Teléfono: +1 347 853 4093

Irapuato, Guanajuato, México
www.elsalvajerefinado.com

Teléfono: +52 473 118 6226

E-mail:
libros@elsalvajerefinado.com